李商隱

情聖詩人

Li Shang-yin
Poet of Love

繪本

故事◎張瓊文
繪圖◎馬樂原

我，
只是個書生，
名叫李商隱。
我喜歡寫詩，也寫了很多首情詩，
在詩裡可以訴說我的情感，
並細細回憶每段珍貴的感情。
其中，在我想要修道學仙那年，
碰巧發生了一段刻骨銘心的愛情。

遇見她，
是在一個下雨天。
當時她獨自在湖邊徘徊，
就像荷花仙子
一樣清新脫俗。
於是，
我情不自禁主動上前
與她攀談。

5

後來我才知道，
她是一名宮女，
陪著公主來修道。
對我而言，
因為我們的身分懸殊，
她就像星辰般遙不可及。

我ㄨㄛˇ們ㄇㄣ˙難ㄋㄢˊ得ㄉㄜˊ見ㄐㄧㄢˋ上ㄕㄤˋ一ㄧ面ㄇㄧㄢˋ。

有ㄧㄡˇ時ㄕˊ候ㄏㄡˋ，

我ㄨㄛˇ就ㄐㄧㄡˋ只ㄓˇ能ㄋㄥˊ遠ㄩㄢˇ遠ㄩㄢˇ地ㄉㄜ˙望ㄨㄤˋ著ㄓㄜ˙她ㄊㄚ的ㄉㄜ˙身ㄕㄣ影ㄧㄥˇ。

有時候，
我只能向小鳥傾吐我難熬的心情，

10

希望小鳥能帶來她的一絲消息。

11

只要是下雨天，
我就會想起，
那天我們初次
相遇的一景一幕。

我ㄨㄛˇ時ㄕˊ常ㄔㄤˊ想ㄒㄧㄤˇ著ㄓㄜ
這ㄓㄜˋ段ㄉㄨㄢˋ沒ㄇㄟˊ有ㄧㄡˇ結ㄐㄧㄝˊ果ㄍㄨㄛˇ
的ㄉㄜ戀ㄌㄧㄢˋ情ㄑㄧㄥˊ，

14

她ㄊㄚ會ㄏㄨㄟˋ像ㄒㄧㄤˋ嫦ㄔㄤˊ娥ㄜˊ偷ㄊㄡ了ㄌㄜ˙靈ㄌㄧㄥˊ藥ㄧㄠˋ，
跑ㄆㄠˇ到ㄉㄠˋ了ㄌㄜ˙廣ㄍㄨㄤˇ寒ㄏㄢˊ宮ㄍㄨㄥ那ㄋㄚˋ般ㄅㄢ的ㄉㄜ˙
後ㄏㄡˋ悔ㄏㄨㄟˇ嗎ㄇㄚ˙？

之後，
因為她必須要陪公主回到宮中，
我們兩人的戀情，
就如落花一般，
也隨風飄散了。

17

隨著年華老去，
琴上繁複的琴弦
不停地提醒著我，
美好時光已逝。
雖然此生再也見不到她，
但是我卻時時刻刻想起
那段過去。

18

如今，
為了紀念這段無緣的戀情，
我只能在詩歌中，
表達我隱藏許久的感情。

李商隱

情聖詩人

讀本

原著◎李商隱
原典改寫◎唐香燕

李商隱是出名的唐朝大詩人，才華洋溢，
寫出了流傳千古的經典詩文。有哪些人影響了李商隱？

李商隱

相關的人物

李房

李商隱（約 813 ～ 858 年），字義山，號玉谿生、樊南生。原籍懷州河內，祖輩遷滎陽。他雖然家境貧困，但卻才華洋溢，深受當時政治家、文學家令狐楚的賞識，節度使王茂元更把自己的女兒許配給他。然而李商隱卻被捲入「牛李黨爭」的風波中，因而仕途不順。他的詩風非常精穩華麗，以愛情詩最為出名，在詩中多運用典故，不易解讀。

李商隱早年喪父，小時候跟著博通五經的同族叔父李房讀書學習。他的學識文章，便在此時奠下深厚的根基。這位叔父在經學、小學、古文、書法方面均有造詣，而且對李商隱非常器重。受他的影響，使得李商隱年紀輕輕即能為古文。

令狐楚

天平軍節度使令狐楚是李商隱在求學生涯最重要的貴人。他是駢體文的專家，極為賞識李商隱的才華，不僅傳授駢體文寫作技巧，還資助李商隱的家庭生活，鼓勵他與自己的子弟交遊，開啟了李商隱的政治道路，不過李商隱後來卻與令狐楚和令狐綯父子所屬的牛黨反目。

王茂元

在令狐楚過世後，李商隱受到涇原節度使王茂元的聘請，做了他的幕僚。王茂元對李商隱的才華非常欣賞，甚至將女兒嫁給了他。不過由於王茂元屬李黨，李商隱的恩師令狐楚則屬牛黨，造成李商隱後來陷入兩黨的黨爭之中，仕途受阻。

王晏媄

王晏媄是王茂元的女兒，也就是李商隱的妻子。李商隱雖然為官之路不甚順遂，但是他與妻子的感情十分好，可惜他與妻子聚少離多，晚年妻子也先他一步離世。在王氏去世後，他寫下〈房中曲〉等悼亡詩篇，情感真摯，語意沉痛。

杜牧

杜牧是李商隱的詩友，兩人間也互相以詩歌酬和。因為兩人在晚唐詩壇上的表現傑出，後世即稱兩人為「小李杜」，以與李白杜甫之「大李杜」為別。

李商隱雖然結識許多貴人，卻無法在政治上有所發揮。他起伏的一生中，經歷了哪些關鍵時刻呢？

808 年

此年中舉的牛僧孺等人，批評了主政宰相李吉甫（李德裕之父）的缺失，引起了往後四十多年唐朝朝廷裡，分別以牛僧孺、李德裕為首的士大夫相爭事件──「牛李黨爭」，也埋下李商隱日後進入朝中仕途不順的前因。

牛李黨爭

相關的時間

812 ～ 813 年

李商隱生於 812 或 813 年，出生於河南滎陽。

出生

TOP PHOTO

唐蕃會盟

獲得賞識

約 821 ～ 823 年

公元六世紀起，山南地區的吐蕃逐漸興起，建立了強大的吐蕃王國，對唐朝造成威脅，雙方會盟多次，直到第八次的會盟後，唐朝與吐蕃之間的糾紛才逐漸結束。圖為唐蕃第八次會盟拓片局部圖，碑面用漢、藏兩種文字刻有參加盟會人員的姓名與官銜。

約 828 ～ 829 年

在李商隱十六歲時，寫出了兩篇優秀的文章（〈才論〉、〈聖論〉，今不存），獲得一些士大夫的欣賞。這些士大夫中，就包括當時擔任天平軍節度使的令狐楚，於是李商隱受邀進入令狐楚門下。

837 年

李商隱考取進士資格之前，已經歷多次應舉失利的挫折。同年年末，恩師令狐楚病逝。李商隱之後接受涇原節度使王茂元的聘請，擔任王茂元的幕僚，此舉被視為背叛牛黨，娶了王茂元的女兒後，從此捲入「牛李黨爭」中，無法進入政治核心。這是清代畫家吳友如根據〈夜雨寄北〉所畫。據說這首詩是李商隱寫給北地洛陽妻子的信。

TOP PHOTO

捲入黨爭

842 ～ 844 年

李商隱好不容易在 842 年重新回到祕書省任職，然而在這一年之中他的母親過世，按照禮俗他必須辭官回家守孝三年。官職的停頓對於李商隱的仕途是一次巨大的打擊。843 年，李商隱的岳父王茂元也過世了。李商隱在閒居的幾年裡處理了一些家庭的事務，其中最主要的一項工作，就是將一些親屬的墓葬遷回了故鄉的家族墓園。

母喪

846 年

唐武宗去世，唐宣宗在 846 年即位，於是武宗時期當權的李黨頓時失勢。在宣宗的支持下，牛黨成為政治核心。而歷時四十餘年的「牛李黨爭」，也終於收場。李商隱此時才剛結束守喪回到祕書省不久，從此他再也沒有機會在政治舞台上一展抱負。

黨爭收場

喪妻

約 850 年

李商隱的妻子王氏過世。

過世

858 年

李商隱晚年罷官回到故鄉閒居不久，於 858 年秋冬病故鄉里。

在政治上不得志，在文壇與情場上卻收穫豐富的李商隱，除了詩以外，還有許多精彩的背景呢！

李商隱詩作很多，尤其以無題詩著名。根據《李商隱詩歌集解》裡所收詩歌的統計，基本可以確認他寫作時以〈無題〉命名的，就有十五首。他的無題詩寫法及意境，都是通過隱晦的筆觸表現一種微妙複雜的感情。正是這種一言難盡的情形，使得無題詩更加迷人。

李商隱曾自稱與唐朝的皇族同宗，經清末民初的學者張采田考證，確認他是唐代皇族的遠房宗室，但其實並沒有官方的屬籍文件能證明此事。李商隱曾在〈哭遂州蕭侍郎二十四韻〉一詩中申明自己的皇族宗室身分。不過，顯然他並沒有因此仕途順遂。

無題詩

相關的事物

皇室

修道

李商隱青年時代曾在王屋山下的玉谿河谷一帶修習道術，因此李商隱也自號「玉谿生」。李商隱曾經在〈月夜重寄宋華陽姊妹〉等詩中，提到了「宋華陽」的名字，據傳就是與李商隱修道期間相戀的女道士。圖為河南王屋山陽台宮玉皇閣道觀，建於唐代。

TOP PHOTO

駢體文

李商隱在詩作上表現亮眼，不過他也是晚唐時期非常重要的駢體文作家。駢體文是種講求對偶、用詞注重藻飾和用典，並且全文押韻的文體。李商隱受到令狐楚的栽培，經常幫官員代筆寫朝廷奏摺，練就了李商隱的駢文好底子，也影響到他創作詩時運用大量典故。

玉谿詩謎

李商隱許多詩作都與戀愛有關，不過因為他在這些詩中以大量的隱喻及典故來描述，後人十分難解。民國初年的學者蘇雪林寫了一本解析李商隱詩中隱喻的專著《玉谿詩謎》，試圖解開李商隱與多名女子的戀情。

門閥制度

在唐代，缺乏門第背景的知識分子會透過科舉來晉升。不過權貴們會互相提攜，錄取上流社會關係網中的考生，因此考生都會在考試之前就去刻意結交關係。李商隱也努力成為其中一員，可惜並不順利。圖為中國第一位女皇帝武則天，她為了打破由士族控制的局面，於是在科舉制度中增加考進士科，成為唐代科舉的主要科目。

TOP PHOTO

信物

古人戀愛不如現代自由，男女之間若有情意，也不會直接明說，於是說不出口的愛，就靠著信物來傳達。其中，詩詞也算是一種信物，李商隱靠著他的詩，將他濃烈的情感傳送給他的情人。

李商隱去過許多地方，跟著他生平的足跡，
說不定可以解開他難懂又迷人的詩句。

陝西曲江是唐朝的旅遊勝地，連唐玄宗與楊貴妃都曾
到此遊玩。李商隱為它寫下一些詩，例如〈曲江〉：「死
憶華亭聞唳鶴，老憂王室泣銅駝。」感嘆唐朝的衰敗，
懷念過去的時光。

曲江

相關的地方

玉陽山

河南玉陽山是學道的地方。唐朝時
期，隱居學道是件流行事。由於皇
帝常找隱居的人士入朝當官，因此
隱居學道成為當官的方式。李商隱
也曾在王屋山、玉陽山一帶隱居學
道，並且在這裡愛上了同樣來修道
的宮女，寫了許多情詩。

涇川

李商隱接受王茂元的邀請到涇原工作，就是今天的甘肅涇川。有趣的是，他也在這裡找到了相伴一生的妻子。雖然他在涇川只待了幾年，不過也留下了許多詩作，像是〈瑤池〉，就被認為是指在附近的西王母宮。

芮城

李商隱後來搬家到永樂，就是現在的山西芮城。他在這裡寫了許多詩，過著隱居般的閒適生活。比如〈奉同諸公題河中任中丞新創河亭四韻之作〉：「獨留巧思傳千古，長與蒲津作勝遊」。描寫的就是橫跨黃河上的浮橋「蒲津渡」。圖為「開元鐵牛」，是用來維繫浮橋的固地錨，鑄造於唐朝開元年間。

滎陽

李商隱病逝於河南滎陽，目前除了墓地之外，還建有紀念公園，園內還有一整片的詩牆，以及各種雕塑作品。

原典

無ㄨˊ題ㄊㄧˊ

昨ㄗㄨㄛˊ夜ㄧㄝˋ星ㄒㄧㄥ辰ㄔㄣˊ昨ㄗㄨㄛˊ夜ㄧㄝˋ風ㄈㄥ，
畫ㄏㄨㄚˋ樓ㄌㄡˊ西ㄒㄧ畔ㄆㄢˋ桂ㄍㄨㄟˋ堂ㄊㄤˊ¹東ㄉㄨㄥ。
身ㄕㄣ無ㄨˊ彩ㄘㄞˇ鳳ㄈㄥˋ²雙ㄕㄨㄤ飛ㄈㄟ翼ㄧˋ，
心ㄒㄧㄣ有ㄧㄡˇ靈ㄌㄧㄥˊ犀ㄒㄧ³一ㄧ點ㄉㄧㄢˇ通ㄊㄨㄥ⁴。

1. 畫樓、桂堂：華麗的建築
2. 彩鳳：五彩繽紛的鳳凰
3. 靈犀：犀牛角
4. 通：心靈相通

隔座送鉤[5]春酒暖，
分曹射覆[6]蠟燈紅。
嗟[7]余聽鼓[8]應官去[9]，
走馬[10]蘭台類[11]轉蓬[12]。

5. 送鉤：行酒時的一種遊戲
6. 射覆：古代的一種遊戲
7. 嗟：感嘆聲
8. 聽鼓：聽到更鼓報時

9. 應官去：上朝
10. 走馬：跑馬
11. 類：像
12. 轉蓬：隨風飄泊的蓬草

換個方式讀讀看

　　跟喜愛的人一起度過的時光多麼美好，多麼難忘！離開她身邊以後，還會把那時候的分分秒秒，那光景的點點滴滴，翻來覆去，想了又想。於是，在相思不斷中寫下了這首詩。

　　李商隱想起昨夜，聚會到了尾聲，離開她以後，他不捨得馬上走遠，就在桂堂東邊，畫樓西畔，滿天的星辰下，浴著春風，悄然站了一會兒。

　　他知道他沒有理由，也沒有彩鳳的翅膀可以飛回到她的身旁，可是他確定他們倆的心意是相通的，如同犀角中有紋路通連兩端。所以，身處人群中的她，一定會知曉他默默思念她的心意。

　　教他怎麼能夠不心心念念想著她啊。有她在的地方，總是光華燦爛，令人心花怒放。那時候，大家在廳堂裡玩著猜謎和酒令的遊戲，蠟燭的光焰正紅，香暖的春酒醉人。在一夥人中，他坐在她的身邊，把別人傳

過來的小玉鉤傳送到她的手心裡。啊，當時溫暖著他的心的，是春酒還是她的手？後來大家分成兩隊玩射覆，用錦帕覆蓋著物件讓人輪流猜的時候，她那嬌紅的臉龐是多麼的美。啊，照亮了他的心的，是蠟燈的光焰，還是她的笑顏？

　　不管什麼地方，只要有她在，她就是那裡的焦點，李商隱的眼睛就無法不往她那兒望過去，只希望能夠一直一直待在她的身邊。唉，更鼓響了，催人上馬了，時候不早，他得前往官府應付官差去了。可嘆身不由己，就像那隨風飄轉、無所依憑的失根蓬草，眼看是要流蕩天涯，人世浮沉，與她愈來愈遠了啊。

　　良夜歡會是多麼的難得，昨夜星辰昨夜風⋯⋯

原典

無ㄨˊ題ㄊㄧˊ

相ㄒㄧㄤ 見ㄐㄧㄢˋ 時ㄕˊ 難ㄋㄢˊ 別ㄅㄧㄝˊ 亦ㄧˋ 難ㄋㄢˊ，
東ㄉㄨㄥ 風ㄈㄥ[1] 無ㄨˊ 力ㄌㄧˋ[2] 百ㄅㄞˇ 花ㄏㄨㄚ 殘ㄘㄢˊ[3]。
春ㄔㄨㄣ 蠶ㄘㄢˊ 到ㄉㄠˋ 死ㄙˇ 絲ㄙ 方ㄈㄤ 盡ㄐㄧㄣˋ，
蠟ㄌㄚˋ 炬ㄐㄩˋ[4] 成ㄔㄥˊ 灰ㄏㄨㄟ 淚ㄌㄟˋ 始ㄕˇ 乾ㄍㄢ。

1. 東風：春風
2. 無力：微弱
3. 殘：凋謝
4. 蠟炬：蠟燭

曉鏡但愁雲鬢改，
夜吟應覺月光寒。
蓬山此去無多路，
青鳥殷勤為探看。

5. 曉鏡：清晨照鏡
6. 雲鬢：鬢角的頭髮
7. 蓬山：蓬萊山，指仙境
8. 青鳥：傳說中送信的神鳥

換個方式讀讀看

　　李商隱在另一首著名的無題詩裡，哀嘆著情人一去無蹤影，說是要來相會，那卻只是一句空話。等了又等，等到五更鐘響，月影西斜，還是不見她來。

　　情人為什麼不再來？詩人沒有說。是身分不容許？還是環境不合適？他只想在詩句裡表達他那一份很深很深的失望。這裡詩人同樣不說明情人是誰，還有，他們之間有什麼難解的問題。所有的積鬱逼出了這一句：相見時難別亦難。

　　相見很難，好不容易得一機會相見了，不多時又要分離，心裡多麼不捨。然而相守不分是不可能的，再怎麼不捨，也得分捨。

　　東風，是春天的風，催得百花盛開。然而現在，詩人看見百花凋殘，又感覺到東風無力，大概是春天快要過去的暮春時節吧！人竟與自然萬物一樣缺乏生氣。

　　面對無望的戀情，該怎麼辦？捨棄嗎？遺忘嗎？

春蠶吐絲，到死方休。蠟燭燃盡，燭淚才乾。他對她的思念，他對她的慕情，此生不渝，即使不能常相聚，這份心意也將永不會改變。

　　外在環境雖然壓抑著人，讓人無力對抗，但是內心的熱情是這麼強烈，這麼絕對，沒有人能夠打壓得住。

　　然而，詩人憐惜著淒清孤寂的情人，念她清晨對鏡梳妝，是不是會怨嘆著濃密的頭髮漸轉灰白？她夜晚吟詠詩詞，會不會覺得明燦的月光好不清冷？

　　詩人又慰藉守著寂寞的情人：幸好你那蓬萊仙山一般清冷的住所，離我這兒還不算太遠，我會常常請天上的青鳥替我捎帶書信去探望你。相信我吧，即使相隔兩地，我們之間的聯繫永遠不會斷絕。

　　李商隱在無可奈何中，為自己和情人找到了以詩文傳情這美好而獨特的聯繫。

原典

流鶯

流鶯飄蕩復參差[1]，
渡陌[2]臨流不自持[3]。
巧囀[4]豈能無本意，
良辰[5]未必有佳期。

1. 參差：高低不齊
2. 陌：田間的小路
3. 自持：自己控制
4. 囀：鳥叫
5. 良辰：好日子

風朝露夜陰晴裡，
萬戶千門[6]開閉時。
曾苦傷春[7]不忍聽，
鳳城[8]何處有花枝[9]？

6. 萬戶千門：形容住戶眾多且密集
7. 傷春：比喻容易受到外界變化而感動
8. 鳳城：指長安
9. 花枝：花的枝幹

換個方式讀讀看

　　春光正好的時候，詩人李商隱聽見一隻黃鶯在宛轉鳴唱，又抬頭看見黃鶯飛過天空，遠遠地飛走了。小黃鶯鳥啊，你要飛到哪裡去，何處是你的歸宿呢？詩人因此想起了一個人。

　　黃鶯的飛行是在風勢、氣流間流動，牠隨風飛得飄飄蕩蕩，高高低低，很是辛苦。詩人想到的那個人，也這樣在人間的風勢、氣流間努力保持平衡往前飛吧。

　　但是，黃鶯飛越過小徑，又飛渡過流水，牠，其實是只能被風帶著，不由自主啊。

　　雖然是身不由己，只能隨風飄蕩，但小黃鶯鳥竟宛轉地唱起歌兒來了。聽，你聽得出來嗎？牠唱出了牠的真心本意，想要追求幸福的真心本意。

　　但是小黃鶯鳥啊，有誰真的能聽懂你追求幸福的本意呢？沒有人理解

你的歌聲，恐怕在這美好的春天裡，你還是無法獲得你想要的幸福啊！

　　小黃鶯鳥不理會詩人的探詢，牠只是努力地飛著，用心地唱著，在陰天，在晴日，在起風的早晨，在滴露的夜晚。哪管底下的千門萬戶開開閉閉，小黃鶯鳥只是不歇地飛著，美妙地唱著。

　　小黃鶯鳥那追尋春天、祈求幸福的宛轉嬌啼，真讓多愁善感的詩人不忍聆聽。然而聽著聽著，詩人內心的熱望升起，不禁代小黃鶯鳥問了：這富麗繁華的長安都城裡，可有一枝滿開的花枝，讓小小的黃鶯鳥斂翅歇足，飲露安眠？

　　這首詩像李商隱的很多首詠物詩一樣，有很豐富的含義，大家可以提出很多種解釋。而且隨著年紀漸增，遭遇變化，說不定每一個人對那巧囀流鶯的處境又有不同的領會。

原典

落(ㄌㄨㄛˋ)花(ㄏㄨㄚ)

高(ㄍㄠ)閣(ㄍㄜˊ)客(ㄎㄜˋ)竟(ㄐㄧㄥˋ)去(ㄑㄩˋ)，

小(ㄒㄧㄠˇ)園(ㄩㄢˊ)花(ㄏㄨㄚ)亂(ㄌㄨㄢˋ)飛(ㄈㄟ)。

參(ㄘㄢ)差(ㄘ)[1]連曲(ㄑㄩ)陌(ㄇㄜˋ)[2]，

迢(ㄊㄧㄠˊ)遞(ㄉㄧˋ)[3]送(ㄙㄨㄥˋ)斜(ㄒㄧㄝˊ)暉(ㄏㄨㄟ)[4]。

1. 參差：落花散布的樣子
2. 曲陌：彎曲的小路
3. 迢遞：遙遠
4. 斜暉：傍晚西斜的陽光

腸斷[5]未忍掃，
眼穿[6]仍欲歸。
芳心[7]向春盡，
所得是沾衣[8]。

5. 腸斷：非常悲傷
6. 眼穿：非常期待
7. 芳心：美好的心意
8. 沾衣：眼淚沾溼衣裳

換個方式讀讀看

　　樓閣上的那個人竟然就這麼走了，遠去了！望著這幅畫面的女子，難捨難放，看著高閣客走遠，哀切不已，痛叫出聲：你竟走了麼？這是真的嗎？

　　是真的，那個人走過滿園亂飛的落花，漸行漸遠。落花紛飛中，情人的背影不見了，但在高閣上目送情人遠去的女子，仍捨不得收回目光，她看見參參差差、高高低低飄舞的落花，一路沿著彎曲的小徑撒落過去，彷彿在為小徑那頭的斜陽送行。唉，落花滿地，也不忍去掃，因為這些花是他走的時候伴著他的足跡落下來的，因為這些花也像我一樣悲傷萎謝。思想起，傷心腸斷，只盼望，他不負我望眼欲穿，能踏著落花回來啊。

然而，盼著盼著，這終歸是一場空。春日將盡，淚溼衣裳。

　　落花的心情，真的沒有人憐惜？或許李商隱的另一首〈天涯〉，正是那位遠走天涯的人的回答。

　　「春日在天涯，天涯日又斜。鶯啼如有淚，為溼最高花。」

　　在無限好風光的春日，有人卻無法沉醉於無限的好風光，必須遠走天涯。獨自漂泊於天涯之時，目送太陽西斜，心裡好不惆悵。彷彿應和著這心情，哪裡傳來宛轉鶯啼。於是他呼喚鶯鳥：要是你和我一樣悲愁，聲聲啼喚，以致落淚，請為我把淚水灑向枝頭最高、最寂寞，飄搖欲落的那朵花吧。請為我沾溼花瓣，安慰花心，請讓她知道我這份難以言說的遺憾……

原典

嫦娥

雲母屏風[1]燭影深，

長河[2]漸落曉星[3]沉。

1. 雲母屏風：指裝飾華美的屏風
2. 長河：銀河
3. 曉星：天將亮時出現的星星

嫦娥應悔偷靈藥[4]，

碧海青天夜夜心[6]。

4. 靈藥：指嫦娥所偷取的長生不死藥
5. 碧海青天：遼闊寬廣的空間
6. 夜夜心：夜夜追悔的心

換個方式讀讀看

　　傳說射日英雄后羿向西王母求得不死的靈藥，但那靈藥卻被妻子嫦娥偷偷服下。嫦娥服藥後，身體輕盈得如同一縷輕煙，冉冉上升，一直飛上月亮去了，此後她就永生不死，長住月宮，再也不能回到人間。

　　這首詩裡有鑲著清透雲母石的屏風，有搖曳幽深的蠟燭光影；有輝光閃爍，但漸漸沉落的銀河，和星光逐漸黯淡而快要消失的晨星；有那不得了的神奇靈藥，有深碧遼闊的海和廣大暗青的天。

　　冰清水冷中，燭影深深，映照在晶瑩的雲母屏風上，而窗外，長長如

帶的銀河漸漸沉落天邊之後，晨星也逐漸隱沒天際。是誰，在這寂寞無眠的夜晚，獨自守著燭影，獨自望著銀河移轉，星辰起落？

原來是那飛升至月宮的美人嫦娥。

嫦娥啊嫦娥，你偷服了不死靈藥，飛離凡塵，遠離悲歡苦樂，到了冰冷淒清的月宮。因為你從此長生不死，只能一夜又一夜，面對無邊無際的碧海青天，面對無窮無盡的寂寞虛空。你是不是悔不當初了呢？

原典

月_{ㄩㄝˋ}

過_{ㄍㄨㄛˋ}¹水_{ㄕㄨㄟˇ}穿_{ㄔㄨㄢ}²樓_{ㄌㄡˊ}觸_{ㄔㄨˋ}處_{ㄔㄨˋ}明_{ㄇㄧㄥˊ}，

藏_{ㄘㄤˊ}人_{ㄖㄣˊ}³帶_{ㄉㄞˋ}樹_{ㄕㄨˋ}遠_{ㄩㄢˇ}含_{ㄏㄢˊ}清_{ㄑㄧㄥ}。

1. 過：越過
2. 穿：穿越
3. 藏人：指人可以藏住蹤跡

初生[4]欲缺虛惆悵[5]，
未必圓時即有情。

4. 初生：指月初的上弦月
5. 惆悵：悲傷失意

換個方式讀讀看

　　李商隱是很愛月亮的詩人，月亮在李商隱的筆下，有時候是配角，也有時候是主角。

　　在這首詩裡，月亮簡直像是個有生命的東西，它越過流水，穿過樓閣，到處都被它照得通明。可是過一會兒月亮又收回它那銀燦燦的明光，遠遠地、清冷地高懸在雲天上。在這淡淡的月光下，人可以藏住蹤跡，樹也看不分明。

這麼多變的月亮，有時候圓，有時候缺，總能操縱我們的情感，我們看見十五月圓就不由得欣喜，看見月初初生的上弦月，和十五以後開始不全的下弦月，就覺得惆悵。其實這又何必呢？都是多餘的。要知道月亮啊，即使在它最圓最圓的時候，對人也不一定有什麼情感啊。

夜雨寄北

君問歸期未有期，
巴山¹夜雨漲秋池。

1. 巴山：地名

何ㄏㄜˊ當ㄉㄤ共ㄍㄨㄥˋ剪ㄐㄧㄢˇ西ㄒㄧ窗ㄔㄨㄤ燭ㄓㄨˊ[2]，
卻ㄑㄩㄝˋ話ㄏㄨㄚˋ巴ㄅㄚ山ㄕㄢ夜ㄧㄝˋ雨ㄩˇ時ㄕˊ。

2. 剪燭：剪去燒焦的燭芯，使燭火更明亮

換個方式讀讀看

　　在李商隱的感情世界裡，有多變無情又好捉弄的人，有追求不到的人，有情意相通但無緣共度此生的人，也有傾心相待，溫柔相守的人。李商隱的妻子王氏夫人，就是那位溫柔付出真情與生命，和他同甘共苦的人。

　　王氏夫人出身官宦大家，但她嫁給高中進士的李商隱後，卻沒能繼續享有優渥的生活，而是隨著捲入政治黨派鬥爭的夫婿擔驚受怕，並在經濟不寬裕中操持家務，照顧兒女。由於李商隱的政治生涯非常不得意，不得不天涯漂泊，不得不與夫人相隔兩地。可以想見，夫人非常孤單。

　　在會少離多的夫妻生活裡，書信往來是唯一的聯繫方式，敘相思、道別情的詩句，應該更是王氏夫人最大的慰藉。〈夜雨寄北〉是身在四川的詩人寄往北方的名詩，有人說是寄給北地的友人，有人說是寄給北地

洛陽的妻子。不過，看全詩娓娓述說，完全不用艱澀詞彙的淺白語氣，而剪取的情境極為親切家常，實在很像是寫給親密妻子的情詩。

　詩人一問一答：「你問我什麼時候回來呢？我說歸期未定，不曉得什麼時候才能回去。」說這話的時候，詩人這邊是巴山的秋雨下個不停，漲滿了庭中水池的夜晚。

　什麼時候能回到你的那扇西窗下，和你一起執剪剪短燭芯，共度溫馨的夜晚？到了那個時候，請聽我細說這個巴山夜雨漲滿秋池的夜晚。

　詩人期盼，孤單的現在終將過去，成為供以後回想、細述的過去。他在夜雨中，編織了一個並不算過分的、應該可以實現的夢想。

　這首詩寫成不久，夫人就過世了，死前李商隱沒能陪在她的身邊。那個家常、平凡，但卻不簡單的夢想，成為夫妻兩人永遠的傷痛。

暮秋獨遊曲江

荷葉生[1]時春恨生，
荷葉枯[2]時秋恨成。

1. 生：指荷葉生長碧綠
2. 枯：指荷葉枯萎

深知身在情長在，

悵[3]望江頭江水聲。

3. 悵：悵然，落寞

換個方式讀讀看

　　曲江是唐朝都城長安的遊樂勝地，每到春天，長安人就出城到曲江邊遊賞花紅柳綠的美景，並飲酒作樂，吟詩唱曲。園林中也有荷塘麗景，翠葉亭亭，花開可愛。李商隱輾轉漂泊後，晚年重回長安，重到曲江，感慨萬千。

　　重遊曲江，不是春天是秋天。這個時候，王氏夫人已經去世，他看見荷葉一片枯敗的秋景，不免會想起當年曾為年輕的妻子寫過荷花詩吧？詩說荷花跟別的花不一樣，它的花美葉也美，綠葉紅花收捲起來的樣子，舒放開來的樣子，一派大方自然，不同凡俗。他藉此描寫妻子的天然美貌。

　　可是現在，那個美貌的好女子不在了，眼前荷花不見荷葉枯。於是詩人滿懷感傷。

　　荷葉生時，滿池圓碧大葉子，春意盎然，但是她不在了，詩人不再有

欣賞春天的興致。荷葉枯了，滿池殘葉，秋意蕭索，他也愁腸百結，一無生趣，因為她再也不會回到他的身邊。

時光流逝，詩人心頭的憾恨卻不能消逝。原來，只要此身還在，情就長在，憾恨也難消。無可奈何呀，懷著這份領會，詩人只能悵然獨立江頭，望著悠悠流水嘩嘩逝去。

李商隱曾在早年那首荷花詩裡說，荷花的花葉一直相互映襯著，那是多麼美好的景象，要是翠減紅衰，綠葉紅花漸漸失了顏色，可真叫人發愁啊。顯然他已預想到好花好景不會長在，但要到這時候，人生已到暮秋一般的晚年，真正悲傷的事情已經經歷過了，一路支持他的好妻子永遠離開他了。於是才「深知」，於是才「悵望」，那深知是深到骨髓的深知，那悵望是悵到哽咽的悵望。

原典

錦瑟

錦瑟無端五十絃，

一絃一柱思華年。

莊生曉夢迷蝴蝶，

望帝春心托杜鵑。

1. 錦瑟：裝飾華麗的瑟
2. 無端：沒有原因
3. 五十絃：表示瑟的聲音非常悲涼
4. 柱：樂器上突起的小木椿
5. 華年：美好的青春歲月

滄海[6]月明珠有淚，
藍田[7]日暖玉生煙。
此情可待成追憶，
只是當時已惘然[8]。

6. 滄海：大海
7. 藍田：地名
8. 惘然：若有所失

換個方式讀讀看

　　李商隱由一張華麗的絃樂器──錦瑟，開始寫他感情豐富的一生。

　　瑟這種很像古箏的古樂器，傳說在夏朝就有了。瑟有二十三根絃的，有二十五根絃的，也有十幾根絃的小瑟。據說黃帝時代的古瑟原來有五十根絃，因為瑟聲太悲戚，黃帝才叫人另外改製二十五根絃的瑟，調整了瑟的音感。李商隱時代使用的瑟應該不是五十根絃的古董，詩人是想起了傳說中的古瑟，吟唱道：「錦瑟啊錦瑟，你為什麼沒來由地要有五十根絃，讓人撥絃奏出那麼哀傷的樂音？」

　　一根絃啊，繞著一根柱，撥絃彈瑟啊，就想起了一年一年消逝的年華。

　　如同莊子曾夢見自己變幻為翩翩蝴蝶，早晨醒來不知是夢是真，不知自己是誰，李商隱也覺得人生如夢，好不迷惘。

　　古代西蜀的國君望帝因為一場悲戀而化為杜鵑鳥，此後不斷哀啼著無

望的相思，李商隱也願將悲戀之苦託付給杜鵑，化為永恆的啼喚。

　　傳說南海中有住在水裡的鮫人，哭泣時眼淚會化為珍珠，在蒼茫大海明月當空的夜晚，珠淚傳說顯得更為朦朧，更為遙遠。又據說陝西藍田的藍田山產玉，玉深藏在土裡看不見，但是暖暖的陽光照著的時候，會有迷濛的輕煙揚起上升。

　　鮫人的眼淚成珠以及藍田美玉生煙，都是難以把握的珍貴奇景，稍縱即逝，人生不也是如此嗎？

　　慢撥瑟絃，思我人生，情夢不圓，希望落空，即便當時我就知道相思戀情終將過去，但還是不能不迷惘地深陷下去。而今那惘然成空的一切，已化為可以不斷不斷回去的記憶。

當李商隱的朋友

「這人未免也太愛談戀愛了吧！」「看起來就是很花心。」或許看了李商隱的一些生平故事，會對李商隱這個人有負面的印象，可是李商隱其實是個非常有血有肉、用情很專一的人呢！

大詩人李商隱談了很多段戀愛，彷彿是個花心大少，可是其中有許多隱情是大家所不明瞭的。他不是一次愛上很多人，他每一段都只對一個女生專情。看看他的詩就知道，他在一段感情中，會很努力很努力地對對方好，眼睛裡也只看見對方的美好。跟情人約會的時候，就會深情地望著對方，仔細聽著對方說話。因為很難得可以跟對方約會，只要能見面，他都想盡辦法陪伴著對方，即使隔天要上班，他還是很樂意熬夜陪著對方。離開對方的時候，他的思念甚至像蠶寶寶吐的絲一般，既綿延又漫長無盡。情人不在的時候，他看到一些小小的事情，都會想起對方的模樣，恨不得可以立刻飛奔到對方身邊陪伴他。就是因為他談戀愛都很深情，每個被他深愛過的女生雖然都無法跟他有圓滿的結果，可是在戀愛的當下，都是最幸福的人。

在戀愛的時候，情侶間的相處可能會因為小摩擦而互相生氣，這時候就更需要學習李商隱談戀愛的智慧，盡量去欣賞對方的優點，努力地去愛護對方。就算最後戀愛沒有個完美的結局，在戀愛的當下，還是要盡情投入，才能體會到最甜蜜美滿的戀愛果實。

我是大導演

看完了李商隱的故事之後，
現在換你當導演。
請利用紅圈裡面的主題（戀愛），
參考白圈裡的例子（例如：想念），
發揮你的聯想力，
在剩下的三個白圈中填入相關的詞語，
並利用這些詞語畫出一幅圖。

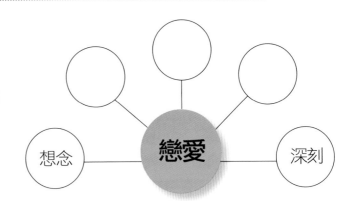